바람 부는 날 나무 아래에 서면

강이랑

목차

1장
나의 동굴로 오세요

- 10 내 안 어딘가에도
- 12 아무것도 하기 싫어서 그렇게 했다
- 14 밤이 올 때까지
- 15 어쩌면
- 16 네 자매
- 17 겨울 아침에는 카페라테를 타요
- 19 Dear 샤워
- 20 오늘은
- 22 어떤 행복감
- 23 그리움의 두께
- 24 방치한 나에게 내가
- 26 나의 동굴로 오세요
- 28 꿈
- 29 아름다운 파랑
- 30 회복
- 31 선택지
- 32 달이 떴어요
- 33 옥수수에게
- 34 나의 집으로

2장
함박눈이 내린 어느 날

- 38 구름요일 나무요일
- 40 길고양이 두 마리의 대화 1
  -꽃피우는 마음
- 42 길고양이 두 마리의 대화 2
  -세상 물정에 대하여
- 44 길고양이 두 마리의 대화 3
  -요물에 대하여
- 46 바람 부는 날 나무 아래에 서면
- 48 오늘 내가 제일 잘한 일
- 50 환영
- 52 눈부신 초록이었다
- 53 12월의 바람
- 54 무얼 향해 달리는가!
- 55 찔레꽃이 피었습니다
- 56 오호라 돋았노라 피었노라
- 58 햇살 예측
- 59 함박눈이 내린 어느 날
- 61 제비꽃과 나의 자줏빛 소통
- 62 봄의 정원
- 63 애타는 날
- 65 새에게
- 67 여름의 시작

3장
마트에 들렀더니

- 70 길, 길 아닌 길
- 71 씩씩했다
- 72 어느 날 갑자기
- 73 각성 전
- 74 남일이 아니었다
- 76 방귀와 헛말
- 77 파란 열매
- 78 괴력
- 79 속물
- 81 **뺨**
- 82 마트에 들렀더니
- 83 비둘기와 나
- 84 크로스
- 86 거부
- 87 가을 모기
- 89 그림자밟기
- 91 척박한 나의 땅
- 93 기운과 기운
- 95 화가 났다
- 96 땅이여

- 100 시인의 말

ID# 1장

나의 동굴로 오세요

내 안 어딘가에도

오른손 팔꿈치를 다쳤다
왼손이 쓰다듬는다
왼손 손목을 다쳤다
오른손이 어루만진다
오른손이 아플 땐 왼손이
왼손이 아플 땐 오른손이
아무 말 안 해도 다 안다는 듯이
서로를 위로한다

내 안 어딘가에도
슬픔과 고통을
어루만져주는 오른손 왼손이 있을까
오른손 팔꿈치를 쓰다듬으며
있을 거야, 끄덕인다
왼손 손목을 어루만지며
내 안 어딘가에도 없다면

이 세상 어딘가에

있을 거야, 되뇐다

아무것도 하기 싫어서 그렇게 했다

어느 날,
아무것도 하기 싫어서 그렇게 했다

아침이 밝았다
하늘이 파랬다
아름다웠다

그래도 아무것도 하기 싫어서 그렇게 했다

목이 말랐다
배가 고팠다
다시 목이 안 말랐다
다시 배가 안 고팠다

아무것도 하기 싫어서 그냥 그대로 있었다

어디선가 피아노 소리가 들렸다

그렇게 아무것도 하기 싫어서 가만히 있었다

밤이 올 때까지

골목을 걸으며
울음을 삼키고 있을 아이를 생각했다
소리 내어 울 수 없었던
아이의 아픔을 알지 못했다
어느 집에서 아기 울음소리가 났다
저 아기는 울고 있구나
그 아이는 울지 못했다
삼키는 방법은 알았지만 우는 방법을 몰랐다
오늘 밤 아이는 속내를 터놓고 목놓아 울까
저녁 내내 그 아이를 생각하며 동네를 걸었다
어느새 아기 울음소리도 그쳤다
그 아이의 속 울음 또한 그쳤을까
나는 배고픔도 잊고 밤이 올 때까지 골목을 걸었다

어쩌면

붉은 태양빛 연시를 사들고 옵니다
내가 정말 먹고 싶어서인지
엄마 생각이 나서인지 잘 모르겠습니다
어쩌면 둘 다이겠지요
또 어느 날은
노란 태양빛 배를 사들고 옵니다
어린 시절 내 두 손보다 더 큰 배를
엄마가 깎아주었지요
차디차고 단 배가 얼마나 맛있었던지요
배가 먹고 싶어서인지
엄마가 보고 싶어서인지
그냥 태양빛이 좋아서인지 잘 모르겠습니다
어쩌면 셋 다이겠지요

네 자매

문득 돌아가신 엄마가
이제는 없다란 생각이 들며
슬픔이 밀려왔다

엄마는
큰 언니한테도 엄마
작은 언니한테도 엄마
셋째 언니한테도 엄마

가슴에 있는
엄마 모습은 저마다 다르지만,
언니들의 엄마는
나의 엄마이기도 해서
네 자매는 '엄마'라는 공통어로 하나가 된다

겨울 아침에는 카페라테를 타요

겨울 아침에는

따뜻한 우유가 가득 들어간 카페라테를 타요

거품이 많으면 많을수록 좋아요

하얗게 부풀어오른 거품 위로

메이플시럽을 뿌리면

달콤한 겨울 아침의 시작이에요

겨울에는

카페라테가 좋아요

히얀 우유 거품이 가득한 카페라테요

무거운 눈꺼풀이 열리는

하얗고 따뜻한 겨울 마법이에요

겨울 밤에는

따뜻한 우유를 끓여요

하얗고 하얀 우유 속에

노란 밤꽃 벌꿀을 넣지요

하얀 우유 위로

따뜻한 김이 밤꽃 향기처럼 피어올라요

고단한 두 눈이 스르르 감기는

하얗고 달콤한 겨울 마법의 시작이지요

Dear 샤워

이상해

이상한데 잘 모르겠어

따뜻한 너의 물길이 머리카락을 적시고

흐르는 순간 좋은 방법이 떠오르더라

네 덕분에 사람다운 모습을 하고 나가

방 안에 있는 난 마치 좀비

네가 아니면 어떻게 드라이를 하고

얼굴에 크림을 바르겠니

다행이야

너의 물길이 근육을 달래고 피를 돌게 해

네가 없다면 어떻게 내가 하루의 피로를 풀고

잠들 수 있겠어

디어 샤워, 너는 나의 빛이고 환희고 꿈이야

오늘은

귀찮다고 해서
아침을 거를래?
거른다
귀찮은 게 아니라
오늘은 잠이 더 좋은걸

귀찮다고 해서
모임을 거를래?
거른다
귀찮은 게 아니라
오늘은 기침이 나는걸

귀찮다고 해서
산책을 거를래?
거른다
귀찮은 게 아니라

오늘은 폭풍우 치는걸

어떤 행복감

파릿파릿 말린 수건이
차곡차곡 쌓이고
양말이 가득 찰 때
행복감이 든다

하얀 수건으로 얼굴을 닦고
파란 양말을 신고 나가야지
날은 차고
바람 소리 요란한데
얼굴에서 발 끝 가득
하얗고 파란 기운이 깃든다
청아한 겨울 햇살이 스민다

그리움의 두께

엄마를 잃고 나서 알았다
그리움의 두께를
두꺼운 솜이불 안고
꿈속 엄마 찾아가 감싼다

엄마를 잃어 보니 알겠다
그리움의 무게를
돌덩어리 지고
엄마 산소 찾아가 식사를 차린다

언니, 동생, 오빠 이야기까지
한 겹 두 겹 겹겹이 쌓여,
점점 더 점점 더,
겹겹이 겹겹이

방치한 나에게 내가

방치한 나에게 내가 말했다

    걱정 마

음악을 듣고
물을 마시고
요리를 했다

    붉은 상추 초록 상추
    느타리버섯 팽이버섯
    오겹 치즈계란말이
    아직 몇 가지 더 있어
    어깨춤을 추고
    포돌포돌 살이 오를지도 몰라

아픈 내가 있고

아직 아프지 않은 나도 있어서

삐그덕삐끄덕

나라는 소행성이 또 오늘을 돈다

나의 동굴로 오세요

나의 동굴로 오세요

동굴에는 깨끗한 물이 있고요

폭풍우를 피할 수 있어요

칠흑처럼 깜깜해서

솔솔 잠도 잘 온답니다

나의 동굴에 오시면

처음엔 좀 싫을지도 몰라요

하지만 걱정 말아요

우리는 낮과 밤 내내

마음과 마음이 오가는 이야기를 나눌 거예요

나의 숲으로 오세요

숲에는 아름다운 잎사귀 나무와

달콤한 과일나무

귀엽고 사랑스러운 동물과

새들이 반기지요

흰색 제비꽃 무더기와
샛노란 황매화 군락을 만날 수 있어요
우리는 숲 속을 거닐다가
그루터기에 걸터앉아
가슴과 가슴이 오가는 이야기를 나눌 거예요

그러면 나의 적막한 동굴에 온기가 차오르고 고요한 숲에 활기가 넘칠 거예요. 축제의 시작이지요

꿈

꿈을 타고 날아왔거든
구름이 앞을 가리고
비바람이 몰아쳐도
괜찮았어
알고 있었거든
빗속을 뚫고
날아갈 거라는 걸
몸이 얼어붙고
벌겋게 데인 채
흙탕물을 뒤집어쓰고
곤두박질쳐도
발버둥 쳤어
꿈을 타고 날아왔으니까

아름다운 파랑

파랑이 하늘 가득
아름다운 파랑
하늘에 파랑이 가득
아름다운 하늘

사랑이 엄마 눈 속 가득
아이의 사랑

사랑이 아이 눈 속 가득
엄마의 사랑

아아,
아아,
아름다운 사랑
아름다운 파랑

회복

서서히 회복

나의 회복은 빠름이 없다

언제 피로가 쌓이고

어떻게 쌓이는지 모르면서

나는 회복을 믿는다

나의 회복은

서서히 아주 서서히

찾아온다

분명한 것은 온다는 것

시간이 걸려도

온다는 것

그래서 나는

안달하지 않고 조용히 침잠한다

선택지

선택지가 있고
선택할 수 있어서 좋다
하나의 방향만 있다면
중도에 쓰러졌을 것인지라
다양한 선택지가 있어서
나아간다
한 번, 두 번 선택을 잘못해도
다시 선택할 수 있고
그마저 잘못 선택했을지라도
네 번, 다섯 번의 선택지가 있어
다시 갈 수 있다
비록 한 나무의 가지일지라도
여러 가지가 있어 좋다

달이 떴어요

보름인가 봐요

달이 엄청 커요

어찌 된 게 전 눈물이 나요

달은 떠올랐는데

엄마는 없어요

달은 동그랗고 밝은데

달만 떴는데 그래요

아름다워서

더 그래요

옥수수에게

옥수수야 많이 컸구나
이제 곧 송알송알 알갱이가 여물겠지
옥수수야 너는 아니?
너를 참 좋아했던 사람이 있었단다
유독 너를 좋아해 텃밭 가득 너를 심곤 했어
엄마는 너를 우리들에게도 보내고
누가 오면 바구니 한가득 담아 주고
덕분에 아주 생색을 냈었지
올해도 푸릇푸릇 자라난 옥수수야
전봇대처럼 큰 옥수수야
너는 자라렴
엄마네 텃밭에서
내년에도 내후년에도 십 년 후에도

나의 집으로

하루의 끝 집으로
좁고 캄캄한 골목 끝에 있는
나의 집으로
무거운 대문을 열고
계단을 올라
나의 작은 방으로
고단한 육신이 도착할 곳
집으로

집에는
싱싱한 오이와 잘 말린 수건과 책이 있다
그림이 걸린 문과 벽
맨발로 걸으면 기분 좋은 방바닥
따뜻하고 시원한 물이 나오는 작은 욕실
사랑스러운 초록 화초
하루의 시작

작은 나의 집으로

2장
함박눈이 내린 어느 날

구름요일 나무요일

구름요일에 만나요

바람이 말했다

그날은 아마도 구름처럼 가벼울 거예요

그냥 하늘에 둥둥 떠있으면 돼요

이제껏 가본 적 없는 곳도 가보고요

어쩌면 용처럼 날 수도 있어요

원하신다면 강아지로 변신할 수도 있구요

그러니 구름요일에 만나요

나무요일에 만나요

바람이 말했다

그날은 아마도 나무처럼 춤출 수 있어요

그냥 가지에 대롱대롱 매달려있으면 돼요

이제껏 해보지 못한 몸짓으로요

뒤집기도 가능하고요

공중제비도 몇 바퀴나 돌 수 있어요

그러니 나무요일에 만나요

바위요일요?

바람이 되물었다

그날은 제가 안돼요

바위는 끄떡도 안 해서 재미가 없거든요

길고양이 두 마리의 대화 1
-꽃피우는 마음

꽃을 키우는 마음은 어떤 마음일까?
아랫마을 흰 자갈 골목집에 핀 꽃이 참 좋아

   낮잠 자기 좋다는 거야?

나를 뭘로 보고
꽃을 피우는 마음이 궁금하다는 거지

   딱 필요한 그때에
    마른 잎을 따내고, 물을 주고, 웃는 것

그걸로 자랄까
그걸로 필까

   그럼 바람이 도와주고,
   햇살이 살펴주고,

나비가 찾아와

쉽네

그니까

나도 꽃을 키우고 피울 수 있을까

잘할 것 같아
궁금한 마음을 갖고 있으니까

길고양이 두 마리의 대화 2
-세상 물정에 대하여

세상 물정을 안다는 건 무얼까?

   뭘 것 같아?

땅이 좋나 안 좋나를 알아보는 눈
내가 살고
뛰어놀 곳

   그리고?

좋은 집을 보는 눈
어느 집에 먹을 것이 있고,
마실 물이 있나 없나

   물정을 알고, 세상을 모르는군

세상?

    인간에 대한

인간?
난 글렀다
넌 어떤데?

    나도 모르지
    그렇다면 오늘은 인간세상으로 나가볼까

그럼 좀 알까?

    가만히 있는 것보다는 낫겠지

길고양이 두 마리의 대화 3
-요물에 대하여

어떤 사람이 나더러 요물이래

   세상에, 영물이라면 모를까. 요물?

난 그냥 길을 갔을 뿐이야
나보다 사람들이 더 요물 같던데

   우리보다 사람들이 더 요물이지
   봄마다 화사하게 피던
   파란 봄까치꽃,
   자주 제비꽃 길을 다 뒤집어놓더니
   가시 많고 까칠하기 이를 데 없는 꽃을 심어놓질 않나
   우리 길을 아주 엉망진창으로 만들어놓았잖아

무성한 파란 풀,
새빨간 접시꽃 아래에서도 더 이상 못 놀아

정말 요물이 따로 없다니까

   앵두나무도 싹둑 베어버리고,
   그렇게나 듬직했던 은행나무도 베어버렸는데
   사람들이 더 요물이지

그런데 나더러 요물이라고 난리지

   너 진짜 속상했겠다

그것보다 너랑 얘기하나 보니까
이렇게 다시 꽃 피는 봄이 왔는데
그때의 그 아름다운 꽃들을 볼 수 없다는 게 더 슬퍼

   그 길에 있던 황금빛 메리골드도 이젠 못 봐
   나도,
   나도 슬퍼

바람 부는 날 나무 아래에 서면

바람 부는 날
나무 아래에 서면 행복하다
은행나무는 은행말을,
목련나무는 목련말을,
단풍나무는 단풍말을 한다
뿌리 있는 나무들이
저마다 다른 소리와 제각기 다른 몸짓을 한다
부드러운 바람에게는 부드럽게,
몰아치는 바람에게는 온 잎사귀를 나부끼며
가지란 가지가 다 요동친다
내 행복의 기준치는 아주 낮아서,
그 모습을 바라만 보는데도 행복하다
콩벌레도 최선을 다해 자기 길을 가고,
비둘기들은 아장아장 먹을 걸 찾고,
나무들은 바람 속에서 제각각 춤춘다
누군가 심은 나무 아래에 서서

바람을 만끽한다

저마다 다른 나무의 흔들림과 소리에 취한다

나는 한 번도 나무를 위로해 준 적이 없는데,

날이면 날마다 나무는 나를 위로해 준다

내가 나무처럼 팔을 요리조리 팔랑거리면 이상하겠지

나는 나대로 시원하다, 기분 좋다를 연발한다

그렇게 내 마음과 몸 또한 요동친다

그러자 갑자기 수박이 먹고 싶다

과일이 당기지 않았는데,

수박이 먹고 싶다

바람 부는 날 나무 아래에 서서

난 수박 먹을 생각에 또 행복하다

오늘 내가 제일 잘한 일

흙바닥에 바짝 붙어있는
자주 제비꽃을 발견했다
빠르기도 하지

어머니 세상 밖은?
땅속에서 생각했던 대로니?
나한텐 넌 놀라움이고 감탄이야
앙증맞은 자태, 아름다운 빛깔,
누구보다도 재빠른 모습
저쪽으로 가면 너만큼 빠른
아기 개나리가 있더라
노란빛이 참 고운 아이였어
너희를 닮은 제비꽃 치마에
노란 개나리 저고리를 입을게
그러면 내 안에서 너희는 하나가 돼
어때, 괜찮아?

첫 제비꽃, 첫 개나리 발견!
오늘 내가 제일 잘한 일

환영

입춘이다
일었던 눈은 녹았고,
햇살은 도처에 가득하다
땅속에서는 새싹들이
꼼지락꼼지락 움직이고 있겠지
아무 이유 없이 행복하다
땅속 새싹들을 생각해서였을까?
새싹들 속으로 스며든 물의 기운과
햇빛의 기운 속에 나도 함께 해서일까?
바람이 마른 잎사귀를 날리고
내 머리카락을 날린다
이 바람이 땅속 새싹들까지 전해졌을까?
아직은 포근한 흙이 지켜주겠지
바람을 맞아도 좋을 적당한 때에
흙을 제치고 나오겠지
그때 제일 먼저 내가 반길게

두 손 두 팔 벌려 환영할게

몇 날이고 며칠이고 만나러 올게

함께 시원한 봄바람을 쏘이자

눈부신 초록이었다

비가 그친 뒤
산을 올랐다
눈부신 초록이었다
빗속을 지나온 그들이
그곳에 서 있었다
나는 비를 피해 있었다
비를 피한 나보다
빗속에 있던 그들이
훨씬 더 의연한 모습으로 서 있었다
아름다웠다
그들처럼 내가
비바람을 마주할 수 있을까
정화하지 못한 하루를 보낸 나는
스스로의 행동에 부끄러움을 느끼며
그렇게 나무 앞에 서 있었다

12월의 바람

12월 1일

새벽 4시경

방안 공기가 달라졌다

바람이 살아 돌아다닌다

12월의 찬바람은 벽도 뚫나 보다

난방 시작이다

한파가 온기마저 가져오는구나

불현듯 놀란다

무얼 향해 달리는가!

뛴다

달린다

서두른다

노을이 심상치가 않다

이 아름다움은 기다려 주지 않아서

산책 중에

책을 읽다가

설거지를 하다가

뛴다, 노을을 향해

질주한다, 바로 곁에 있는

경이로움을 향해

찔레꽃이 피었습니다

하얀 찔레꽃이 피었다
순식간에 어린 시절을 소환하는 마법의 꽃
찔레꽃 주변은 벌의 날갯짓 소리로 가득
그렇지, 벌이 찔레꽃 향기를 지나칠 리 없다
아카시아꽃도 한창 피어나,
주변은 온통 벌 소리로 요란법석
나는 갑자기 찔레꽃 벌꿀을 먹어보고 싶다
어찌 된 게 내 머릿속은 온통
찔레꽃의 순수한 자태나
아름다운 향기가 아닌,
찔레꽃 향기가 들어긴 벌꿀 생각뿐이다
요란한 꿀벌 소리에 놀라
향기 좋은 찔레꽃 곁으로 다가가지도
머물지도 못한 마음에,
그렇다면 꿀을 먹어야겠다는 생각뿐이다

오호라 돋았노라 피었노라

언덕배기 양지바른 곳에
새순이 돋고
파란 봄까치꽃
하얀 별꽃이 피었다
그 어둡고 차가운 흙속에서
이리 아름다운 모양과 색깔을 피우다니
작년에 피었던
바로 그곳에서
다시 피어난 꽃들은
변함이 없는데
나는 좀 변했다
아니 좀 많이 변했다

어제는 흰머리를 뽑느라고
거울 앞에서 끙끙거렸다
끙끙된 보람이 있었다

그래도 조금은 말끔한 모습으로
봄꽃을 마주했으니
해마다 새롭게 태어나는
봄꽃 앞으로
얼굴을 내밀어도
부끄러울 정도는 아니니
지금은 한 송이 두 송이 피어올랐지만
머지않아 군락을 이룰 거란 걸 안다
가만히만 두면 저 스스로 장관을 이룰 거란 걸 안다

시간도 잊고 상념도 놓고 반기리라
감탄하리라

햇살 예측

어제의 창문은 흑빛이었다
오늘의 햇살은 다르다
길목에 앉아있는 길고양이 등에도
길고 긴 나무 계단에도
넓고 넓은 담벼락에도
예측이 빗나가지 않았다
똑같이 찬란했다
깊게 숨을 마신다
이 햇살을 새겨두리라
아이의 마음으로 기억하리라

함박눈이 내린 어느 날

공원에 있는 많은 의자 중에서도
그 의자는 언제나 누군가 앉아 있었다
사람이 아니면
나무에서 떨어진 씨앗과
새가 앉기도 했고
길고양이와 다람쥐가 앉곤 했다
그리고 또 어느 날엔 누군가의
무거운 짐이 놓여 있기도 했다
함박눈이 펑펑 내린 어느 날
흰 눈은 마침내 의자를 독차지했다
의자를 지독하게 사랑한 눈은
다음날도 그다음 날도 또 그다음 날도
날이 차기를 바라며 의자를 꽁꽁 감쌌다
흰 눈의 바람대로
그렇게 몇 날 며칠이고 날은 찼다
눈은 행복했다

행복한 꿈에 취해

눈은 의자 위에서 잠들었다

꿈속에서도 의자 곁에는

오로지 흰 눈뿐이었다

어느 날 강렬한 햇살이 떠올랐다

햇살은 공원에 있는 의자 위로

유독 오래 머물렀다

영원할 것처럼

의자에 꽁꽁 얼어붙어 있던 흰 눈은

차가운 눈물을 흘렸다

주루룩 주루룩 흘렸다

흰 눈은 질퍽한 흙물로 흘러 들어가면서도

꿈에 취해 있었다

그때 텅 빈 의자 위로

바싹 마른 나뭇잎 하나

톡 떨어졌다

제비꽃과 나의 자줏빛 소통

자줏빛 말이 들려온다
자줏빛 말을 잘 알아듣는 나는
제비꽃을 찾아내 다가간다
그들은 아름답다
아름답다란 말은 한 번으로는 부족하다
열 번을 말한다
그리고 나의 말을 한다
그들은 내 말에 가만히 귀 기울인다
내가 그들의 말을 잘 알아듣는 것처럼
제비꽃도 내 말을 잘 알아듣는다
우리는 서로 잘 통한다
나는 만족한다
내 속에 있던 칙칙한 검은빛은 이내
환한 빛으로 치환된다
제비꽃의 자줏빛은 자비롭기까지 하다
봄마다 나누는 제비꽃과 나의 자줏빛 소통

봄의 정원

모든 꽃들이 여기 다 있네
아이가 말했다
봄의 정원을 알아본 아이야
네 마음이 봄이로구나

아빠, 여기도 꽃 있다
아이가 말했다
화단의 봄을 알아본 아이야
네 눈이 꽃이로구나

좋은 냄새가 나
아이가 말했다
들길의 향기를 알아본 아이야
네 감각이 빛이로구나

애타는 날

아침에 새가 울면
괜스레 조급하다
새는 그냥 울 뿐인데
나 혼자 마음이 조급해진다
부지런한 새처럼
어서 일어나 서둘러야 될 것만 같다
새가 자꾸 울면 울수록
곧바로 일어나지도 않으면서
아침부터 이불속에서 애가 탄다

밤에 고양이가 울면
마음이 아프다
고양이는 슬퍼 우는 것도 아닌데
나는 슬프다
고양이 울음소리가
누군가를 찾고 있는 것만 같다

이 밤에 왜 울어서

내 마음을 후벼 파는 것일까

밤에도 난 이불속에서 또 애가 탄다

새에게

너를 보기 위해 쌍안경을 샀어
너는 내가 한 발만 다가가도
아득히 먼 저곳으로 가버리지
그리고 넌 소리를 지르더라
난 네 얼굴을 보고 싶어
너의 표정을 보고 싶어
너의 눈을 보고 싶어
너를 보기 위해 난 쌍안경을 샀어
넌 다른 곳을 보고 있더구나
진지한 표정으로
검은 눈빛을 한 넌
나와 한번을 마주보지 않더라
쌍안경으로 마주한 넌
내가 알던 네가 아니었어
내가 모르는
내가 보지 못했던 너였어

너를 보기 위해 난 쌍안경을 샀어

여름의 시작

아기가 울고
새가 울고
바람이 울고
물푸레나무가 울던 날
난 모기를 세 방 물렸다
청설모가 검정 가지를 타고
오목눈이는 순식간에 사라졌다
난 팥배나무 숲 속에 홀로 서서
서쪽 하늘을 보았다
태양은 붉었고
주변은 푸른 초록 냄새가 들이찼고
모기 물린 자국은 욱신욱신 쑤셨다
커다란 까마귀 한 마리
길게 저녁 하늘을 가로지를 때
멀리서 뻐꾸기가 울었다

3장

마트에 들렀더니

길, 길 아닌 길

길로 간다
아무리 급해도
아무리 촉박해도
아무리 멀어도
길로 간다
한 발 한 발, 요령 없이

길 아닌 길로 간다
거친 풀밭
험난한 돌무더기
알 수 없는 물웅덩이
길 아닌 길로 간다
열 발 스무 발, 자유롭게

씩씩했다

나도 엄마 잃은 아이
아빠 잃은 그 아이를 보며 눈물이 났다

그 아이가 날 꼬집어도
넌 아빠 잃고
난 엄마 잃고
그래서 꾹 참았다

그 아이가 웃는데
난 눈물이 났다

나는 울어도 그 아이는 씩씩했다

그 아이도 아빠를 잃고
나도 엄마를 잃었는데
그 아이는 씩씩했다

어느 날 갑자기

어느 날 갑자기
죽은 내 친구
휠체어 타던 내 친구

따뜻한 기억이 생생한데
어느 날 갑자기
죽음이 친구를 데려갔다

죽음이
내 곁으로
내 가까이로

죽음을 생각하며 평소보다
더 꼭꼭 씹어 음식을 삼켰다

각성 전

먼저 비가 온다
이 비를 들으면 알까
이 비를 보면 깨달을까
그러거나 말거나
참으로 가소롭다는 듯이
비는 내 옆구리를 후려치고
머리카락을 사정없이 흩트려 놓는다
신발은 양말 채 젖었다
비는 그래도 모르겠냐며
세차게 등을 내리친다
그렇게 비가 먼저 온다

남일이 아니었다

마트에서

초록 애호박을 담고

가지와 감자를 담고

우유를 찾아 이동하는데

어떤 사람이

분실한 핸드폰을 찾아 헤매고 있었다

왜 마트에서 핸드폰을 찾고 있을까

정말 마트에서 분실한 것일까

저 사람은

어느 시기를 부유하고

어떤 생과 사를 헤매고 있는 것일까

과일 코너로 이동하는데

여전히 핸드폰을 찾아

마트 안을 헤매고 있었다

나 또한 어딘가에

중요한 그 무언가를 분실하고는

마트에서 찾아 헤매고 있는 것은 아닌지

남일이 아니었다

방귀와 헛말

친구랑 길을 가는데 방귀가 나왔다
알아챘을까
알아챈 것 같다
친구가 한참 말이 없다
허걱했겠지
그래도 오늘 내가 낀 방귀는 모른 척하길 바랐다

같이 빵을 먹는데 친구가 헛말을 했다
내 코가 마녀코란다
난 말없이 빵만 먹었다
내 방귀를 지나쳐준 친구다
나도 지나친다
내 방귀처럼 그냥 잘못 나온 헛말이길 바랐다

파란 열매

내가 딴 것은 파란 열매

파란 열매는 나의 불찰
나의 파란 욕심
나의 영글지 못한 성급함

파란 열매가
내 발목을 차고
내 뺨을 때린다

파란 열매의 복수다

괴력

다섯 가지
하룻밤 사이에 한 일
엄청난 괴력이다
내가 아닌
커피가 한 일

흑마법이다!

이윽고 올
후폭풍이
두렵다

속물

나는 사람,
내가 서 있는 곳은 사람이 살아가는 세상
집이 있고, 할머니가 있고, 아이가 있는 곳
나는 얼마큼 물이 들고,
어떤 물이 들었을까
속물은 얼마만큼 물들어야 속물일까
길가의 가로수가 물들어간다
느티나무, 계수나무, 벚나무,
은행나무 잎사귀가 물들어간다
나무의 둥치마저 물들었는가?
그건 아니다
나는 어떻게 물들고 있을까
단풍나무처럼 나도 물들어야지
그래도 그래도,
둥치까지는 물들지 말자
뿌리까지는 물들지 말자

이윽고 그럴 때가 오면

예쁘게 물든 잎사귀도 떨어뜨려야지

뺨

붉어진 것이 보이질 않나요
똑같이 해야 알아차리실까요

뺨은 보조개가 깃들고,
아기가 입맞춤하는 곳이에요
어금니를 품고요

그대가 모욕할 곳이 아니에요

마트에 들렀더니

마트에 들렀더니
할머니 한 분이 앉아 계셨다
손에는 빈 과자 봉지가 들렸다
"멀리서 왔어. 먹어보니 맛있더라고."
들고 온 과자 봉지를 보여주며
똑같은 과자를 만 원어치 달라고 하신다

할머니가 멀리서 왔다는 그곳은 어떤 곳일까?
저 멀리서 왔다고는 하지만
그래도 우리 동네 할머니겠지
지팡이를 짚고 빈 과자 봉지를 손에 꼭 쥐고
마트를 향해 걸어오셨을 할머니
여기에 삶이 있구나
갑자기 가슴이 뜨거워진다

비둘기와 나

건너편에서
비둘기 한 마리가 걸어왔다
난 관심이 있는데
비둘기는 나한테 아무런 관심이 없었다
길을 오가는 사람들 누구에게도 관심이 없었다
오로지 먹고살아야겠다는 강인한 본능뿐
비둘기가 차도로 내려간다
커다란 트럭이 다가와도 아랑곳없다
여차하면 날 수 있다는 자신감 때문일까
애초에 두려움 따위 모른다는 무모함 때문일까
위험을 피해 달아날 빠른 다리도
커다란 양 날개도 없는 나는
'버스 조심해'라며
비둘기에게 혼잣말을 건넸다

크로스

너는 언제나 이런 아침을 맞이하겠지
오늘 나의 아침은 너와 크로스
종종걸음으로
거리를 가로지르며 널 생각해
햇살이 참 예쁘더라
바람은 어찌나 상쾌하던지
부지런한 너의 일상 속에
오늘만큼은 나 또한 크로스
출근길 전철을 탄 너는
자리에 앉자마자 꾸벅이겠지
어쩌면 선 채로
손잡이를 붙잡고 꾸벅일지도 몰라
또 어쩌면 넌
숨 막히는 시간대를 피해
푸른빛 새벽녘에 집을 나설지도 몰라
언제나 바쁜 일상의 너와

어쩌다 바쁜 일상의 나
오늘 아침만큼은 크로스

거부

알다가도 모르겄어
나 그런 속 좁은 사람은 아녀
암시랑토 안 했당게
얼굴에는 티 하나 안 났을 것이여
근디 아니더라구
아따 창자가 꼬여분 것 같드라고
참말로 죽다 살아났당게

들어보랑게 그러네
거부할 생각은 애시당초 읎었당게
그렇게나 싫었는디
난 으쩌자구 몰랐으까잉
속이 뒤집히고야 알았당게
글고부터는 알것더라구
인자는 얼굴부터 티나불어

가을 모기

빨간 자국이 하나, 둘, 셋, 넷
인중 옆, 눈두덩이, 왼쪽 뺨,
그리고 오른손 검지 손가락
이마는 아예 들쑤셔놓았다
좀비에게 뜯긴 것처럼
얼굴이 욱신욱신
손이 지끈지끈하다

분하다
무방비 상태에서 당했다
마치 굶주린 히이에나 같구나
활개 쳐야 할 때를 놓치고
살인적인 폭염을 이겨내서 더 그럴까
마치 걸신들린 것 같다

독하다

속성을 알고 있는데도 방심했다
얕본 것은 아니다
계절을 넘겼는데도
타인의 피를 빨아 허기를 채우는
가을 모기의 독기가 무섭다

그림자밟기

내 그림자를 밟을 수가 없어

누가 내 그림자 좀 밟아 줘

굵은 참나무 그림자는 내가 밟을게

가느다란 개나리 그림자도 내가 밟을게

누가 내 검은 그림자 좀 밟아줘

잎사귀 무성한 화살나무야

너의 그림자도 밟을게

바람에 휘날리는 버드나무 가지도 밟을게

제비꽃도 그림자가 있어

제비꽃은 흙 가까이로 그림자를 내리지

제비꽃 그림자를 밟으려 한다면 그건 아니야

밟지 않아도 되는 그림자도 있어

까마귀 그림자를 밟겠다고 달려드는 것도 좀 그래

이상도 하지,

올망졸망 피어난

철쭉꽃 그림자에게 가는데 막 웃음이 나는 거야

그래서 잠시 햇살 속에 서 있었어

아이들 소리가 나

아마도 저 아이들이 내 그림자를 밟고 가겠지

척박한 나의 땅

나의 땅에는 깨지고 부서진 작은 자갈과
커다란 검은 돌멩이가 가득하다
나의 땅이 빨간 흙으로 보슬보슬하고
온갖 농작물로 빼곡찬 비옥한 땅이었다면
게으른 나는 아마도 힘에 부쳐 앓았을지도.
척박한 땅은 유약한 나를 훈련시키듯
자갈을 고르게 하고
돌멩이를 뽑게 한다
비옥한 땅을 먼저 만났더라면
아마도 나는 그 땅을 어떻게 갈고
어느 때에 무얼 심어야 할지 몰라
다른 누군가의 힘을 빌려야 했을지도.
스스로는 수확도 못 해
사는 내내 누군가를 의지해야 했을지도.
끊임없이 움직이는 시간과
다시 오고 사라지는 계절 속에서

싹을 틔우고, 성장시키고, 열매 맺기 위해
허둥대고, 애쓰고, 신경 쓰다가
난 진작에 나가떨어졌을지도 모른다
아직 씨를 뿌릴 때가 아니라는 듯
단단한 자갈을 하나하나 골라내고
큰 돌멩이 하나 뽑아내는
더딘 시간이 내겐 필요했다
내가 살아가는 내 땅은
쓸데없이 손이 많이 가지만
갈 길이 먼 내게는 딱 좋다

기운과 기운

기운과 기운이 서로 만나

너도 좋고 나도 좋으면 얼마나 좋을까

기운과 기운이 왜 간혹 나쁜 기운 속에 빠지는 걸까

저 새하얗고 저 보랏빛 영롱한 목련꽃이

나쁜 기운을 줄리 없다

인간과 인간에서 나온 기운이겠지

누군가가 설마 안 좋은 기운을 내뿜어야지

나쁜 기운으로 대해야지 하는 것은 아닐 테지

그런 기운으로 사람을 대한다는 것은

이미 그 사람의 기운이 오염되었다는 것 아닐까

그 누군가는 어디서 오염된 것일까

사는 것 자체가 오염투성인 것일까

나의 기운은 사람에게 어떤 기운으로 작용할까

설마 올라오는 싹을 죽이고

피어오르는 꽃을 시들게 하는

그런 기운은 아니겠지

내 기운이 나도 모르는 사이에 오염되었지 않기를

만약 조금이라도 오염되었다면

그날 밤 사이에 씻어내고

아침에 새로 움트는 기운이기를

나는 기도한다

화가 났다

집안에 먼지가 쌓이고 쌓였다
갑자기 화가 났다
나는 어제도 닦지 않고
그제도 닦지 않았으면서
먼지가 없길 바랐다
하지만 있었다
당연한데 화가 났다
그래서 화를 냈다
그리고 먼지를 닦았다
배고픈 것처럼
먼지 또한 쌓인다는 생각이 들며
조금 화가 풀렸다
한 끼만 먹어도
가득 쌓인 설거지 그릇을 보며
다시 조금 화가 풀렸다
깨끗해진 방을 보며
많이 화가 풀렸다

땅이여

제 발소리가 들리나요
당신의 슬픔을 알아요
당신의 기쁨도 알아요
당신의 위대함도요

땅이여
제 발소리가 들리나요

저는 오늘도 당신 위에 서 있습니다. 구름 위가 아닌 바로 당신입니다. 물 위가 아닌 검고 단단한 당신입니다. 허공이 아닙니다. 제가 딛고 나아갈 곳은 당신입니다. 땅이여, 제 발소리가 들리나요. 제 심장소리가 들리나요

감자를 먹었습니다. 더덕을 먹었습니다. 마늘을 먹었습니다. 땅이여, 땅이여, 땅이여 당신 위에서 나아갈 수 있도록 살펴주소서

시인의 말

나뭇가지를 스치고 지나는 한 줄기 바람처럼,
구름 사이사이를 지나 내비치는 햇살처럼,
갑자기 알 수 없는 어떤 감정이나 느낌이 올라올 때가 있었습니다.
놓친 적도 많지만 메모했습니다.

전철 홈에서도, 전철 안에서도,
메모한 낱말을 시 문장으로 이어 썼습니다.
시가 되기까지 일주일 이상 걸릴 때도 있었고,
열흘 걸릴 때도, 하루 만에 쓴 시도 있었습니다.
어떤 착상의 글은 한 달 내내 다듬으며 공들였지만
아닐 경우도 많았습니다.

찾아온 시의 말 중에서 저를 떠나지 않았던 시로,
저의 첫 시의 집을 엮었습니다.
함께 해 주셔서 감사합니다.

이미나 작가님의 아름다운 그림을 시집 표지로
출간할 수 있어서 큰 영광입니다.
그래서 출판사 오주현님, 이현행님께도 깊은
감사를 드립니다.

강이랑

바람 부는 날 나무 아래에 서면

초판 1쇄 발행   2025년 9월 9일
초판 2쇄 발행   2025년 9월 29일

지은이   강이랑
디자인   정호연
펴낸곳   그래서
출판등록   제2019-000035호
주소   서울시 중구 동호로37길 20 A동 2층 132호
이메일   glaesobooks@gmail.com

ISBN   979-11-988158-9-7 (03810)

©강이랑
*이 책의 내용 일부 또는 전부를 재사용 하려면 반드시 저작권자의 동의를 얻어야 합니다.